故事 + 知识

休闲篇

欢迎光临我的博物馆

刘旭恭、林满秋等 著

邱千容、刘旭恭等 绘

吉林美术出版社 | 全国百佳图书出版单位

文学、科学牵手来

文／林良（儿童文学作家）

让孩子多和文学亲近，接受文学的熏陶，我们的孩子就会成为一个有感觉的人，富于同情心的人。

让孩子多和科学亲近，接受科学的洗礼，我们的孩子就会成为理性的人、实事求是的人，做事有条有理。

这一切都是我们身为家长所期盼的，而且相信这一切都可以在"阅读"中完成。

本书编辑群怀着这样的想法，特地为小小读者规划了一套文库，命名为"故事+知识"系列。这一套文库的特色是以一个趣味的故事作引子，吸引孩子阅读。期待让孩子在"嘻嘻"的笑声中阅读故事，接受文学的熏陶后，再以浅显易懂的文字为他们讲述跟故事内容有关的知识，让他们接受科学的洗礼。

这样的简介也许有些抽

象，不如举一个例子。

　　这套文库第一集的第一篇故事，讲的是粪金龟请客。粪金龟又叫蜣螂、屎壳郎，喜欢把各种动物的粪便搓成小球，存下来当粮食。有一天，粪金龟要请金龟子吃大餐，那结果该多有趣。

　　好看的故事结束后，就用浅显的文字向小读者介绍粪便的产生过程，教孩子认识人类的消化系统及从排便的状况来看身体是否健康。这就是前面所说的"文学、科学牵手来"。

　　一篇八九百字的故事不好写，要写得有趣更难，所以需要很多具有丰富创作经验的儿童文学作家来参与。小小读者的读物是"无画不成书"的，所以也需要很多儿童图画书画家来参与。

　　科学知识要写得又正确又好懂也是不容易的，所以更需要很多的科普专家来参加。因此，这一套文库的制作，可以说是一次儿童文学工作者的大结合。工作虽然艰巨，但是很有意义。

　　我觉得这一套书很可爱，希望它早日完成出版，让小小读者也能拥有一套值得一读的文库。

读故事 爱知识

文／冯季眉（台湾"国语日报社"社长）

　　我读"故事+知识"这套书，越读越喜爱，越读越觉得好。

　　这套书最棒的概念，就是"故事"+"知识"。根据这个概念，编辑群和故事作家、图画作家、科普顾问群，用心合作，完成了这套难得一见的原创桥梁书。它既是好看的故事书，又是好看的图画书，更是儿童可以独立阅读、深入浅出的科普书。

　　写这套书的故事作家群，包括：林良、王家珍、方素珍、林世仁、王文华、林哲璋等人，都是台湾当代最优秀的儿童文学作家。他们接受编辑出题目，写出一篇篇想象力十足的故事。更令人激赏的是，桥梁书不可或缺的趣味和幽默，俯拾皆是。

　　画这套书的图画作者群，包括：贝果、杨丽玲、陶乐蒂、鳗鱼蛋等，都是功力深厚的插画家，以饶富童趣的精致插图，恰如其分地演绎故事、诠释知识，补充了文字无法充分传达的讯息，并把知识化为儿童易于理解的

图像，对于协助小读者轻松"解码"，发挥了莫大的"助攻"作用。

为这套书提供专业意见的科普专业顾问群，包括医学、教育等不同领域的专家，他们为书中的知识讯息把关，确保小读者接收正确的讯息，学习正确的知识与观念。

全套书系的规划，从"我"出发，以"我"为同心圆的核心，画出三个同心圆。第一个同心圆，里面是"身体"和"健康"。第二个同心圆，里面是"家庭""学校"和"动物"。第三个同心圆，里面是"文化""休闲"和"探索"。三个同心圆，组合成全套八本书，每本书有十篇"故事"+"知识"。小读者读这套书，可以阅读八十篇好看故事，欣赏数百幅精致可爱的插图，加上八十个知识小单元。每一篇故事，主题都是儿童所熟悉的，与身体有关，与日常生活有关，与家庭、学校有关，与我们的社会有关。

这套书从酝酿到诞生，过程并不简单，里面有出版者对儿童身心成长的关怀，对出版原创优质童书理念的坚持，更有所有参与者对儿童满满的爱心。希望小读者因为这套书，爱故事也爱知识。

无聊世界变有趣！

文／罗吉希（台湾“国语日报”期刊组组长）

　　夏天的下午最无聊了，天气太热不能出去玩，待在家里又睡不着；爱丽斯就是在这时候，注意到那只从她眼前匆匆跑过的兔子……从此有了文学世界知名的《爱丽斯梦游仙境》。

　　有时候，打扫工作也很无聊。《柳林中的风声》里的鼹鼠在家里大扫除，心里忽然觉得好痒好痒，痒到他决定把小扫把一扔，往地上爬，从此开始了奇妙的地上旅程，还交了三个好朋友。

　　看！无聊是件多么好的事！无聊表示我们已经把日常生活，如清扫、上学、写功课……这些大事都做得很熟练，我们不再害怕，很有自信；这时候，我们就需要一些新把戏，发挥好奇心，开始新探险。

　　但是，我们没办法上船去当水手，或掉进奇怪的黑洞里拜访另一个世界……但在真实世界里，不管是大人或小孩，都需要一些休闲活动，让生活多彩多姿，不无聊。

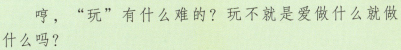

什么样的休闲活动呢？

这本书，就是你很好的商量对象：种盆栽、逛博物馆、打棒球、爬山、走步道、骑脚踏车、看表演、做小书、写日记……你爱玩什么就玩什么。

哼，"玩"有什么难的？玩不就是爱做什么就做什么吗？

才不是呢！当我们开始玩一件事时，我们需要一点知识。就像先知道棒球游戏规则，才看得懂棒球比赛；种盆栽时，得先调查一下，哪种植物爱喝水，哪种植物夜晚才开花。

有时候，玩还需要一点计划：你想上哪个博物馆去看看？想看到什么？假日去爬山，得穿什么样的衣服、准备哪些器具？如果要在天黑前下山，多早就得出门？

这本书除了为你准备了好看的故事，还教给你种种有趣的休闲玩意儿，其实这些都需要一点知识、做些计划，还要常练习；等你愈来愈会玩时，你一定会发现自己变聪明，日子变有趣，朋友也会变多呢！

MULU
目录

虎太郎学打棒球

文／咸鱼飞　图／阿咧先生

nán yáng dì qū yī chù
南洋地区一处

piān pì de shān shàng　zhù zhe
偏僻的山上，住着

yī qún ài dǎ bàng qiú de lǎo
一群爱打棒球的老

hǔ　hǔ tài láng bā suì shí
虎。虎太郎八岁时

jiù kāi shǐ jiē chù bàng qiú
就开始接触棒球，

píng rì liàn xí de hěn mài
平日练习得很卖

lì　kě shì zhèng shì shàng chǎng
力，可是正式上场

bǐ sài shí　biǎo xiàn què hěn
比赛时，表现却很

pǔ tōng
普通。

míng tiān zǎo shang yào
"明天早上要

qǐ lái pǎo bù duàn liàn tǐ lì
起来跑步锻炼体力！"

ér zi　jīn tiān wǎn shang liàn xí guò le ma
"儿子，今天晚上练习过了吗？"

hǔ tài láng　bà ba jiù nǐ yī gè hái zi　nǐ
"虎太郎，爸爸就你一个孩子，你

yào wèi wǒ men jiā nǔ lì zhēng guāng
要为我们家努力争光！"

hǔ dà láng zhǐ yào kàn dào ér zi　zǒng huì rè qiè de
虎大郎只要看到儿子，总会热切地

guān xīn tā de liàn xí qíng kuàng
关心他的练习情况。

2

hǔ tài láng shì gè xiào shùn de hǎo hái zi　dàn shì bù
虎太郎是个孝顺的好孩子，但是不

guǎn zěn me liàn xí　bǐ sài shí dǎ jī lù jiù shì tí shēng bù
管怎么练习，比赛时打击率就是提升不

qǐ lái　zhè ràng hǔ dà láng hěn jǐn zhāng　yīn wèi tā kě shì
起来，这让虎大郎很紧张，因为他可是

quán cūn yǒu míng de quán lěi dǎ wáng a
全村有名的全垒打王啊！

虎太郎感受到了这种紧张的情绪，
于是趁着夜晚留了一封信给爸爸，说明
要暂时离开村子，等待学艺成功后才会
回家。

离开村子的虎太郎，遇到熊猫大

铁，虎太郎向
他请教打棒球
的方式。

大铁一边
示范一边说：

"打棒球哪需要学呀！球来了棒子
一挥，球就飞出去了。"

虎太郎心想："大铁
打击时，不弯腰也不拱起身
体，重心抓稳，双

眼盯球，出棒时非常精准流畅，挥棒姿势跟爸爸虎大郎一模一样，但这一招我学了好久，就是学不好。"

虎太郎跟大铁说谢谢后，又继续赶路。

3

没多久，虎太郎遇见大黑牛乳丁，他同样请乳丁示范击球方式。只见乳丁摆好预备动作，忽然把棒子往后拉，旋腰一挥，"嗒！"一声，球就像绑了冲天炮"嗖——"飞了出去。

大黑牛乳丁开怀地笑着分享："这
拿香拜拜的预备姿势是我的习惯动作
哟！重点在于棒子往后拉时，可以借腰
部旋转蓄积大量动能，来增加击球的力

liàng
量。”

hǔ tài láng suī rán kāi xīn de jì lù xià lái dàn xiǎng
虎太郎虽然开心地记录下来，但想
xiang rǔ dīng jiù suàn bù zhuàn dòng qiáng jìng de mán niú yāo guāng kào
想乳丁就算不转动强劲的蛮牛腰，光靠
quán shēn xù jī de lì dào jiù kě yǐ ràng qiú fēi hěn yuǎn tā
全身蓄积的力道就可以让球飞很远，他
sì hū hái bǎo liú le yī shǒu dǎ hǎo qiú de jì qiǎo yú shì
似乎还保留了一手打好球的技巧，于是
gēn dà hēi niú rǔ dīng dào xiè hòu yòu jì xù lǚ xíng
跟大黑牛乳丁道谢后，又继续旅行。

4

zhè tiān hǔ tài láng zǒu lèi le zài fēng shù xià shuì
这天，虎太郎走累了，在枫树下睡
zháo le bù jiǔ gē gē gē de shēng xiǎng bǎ hǔ tài
着了，不久，“咯咯咯”的声响把虎太
láng cóng mèng zhōng chǎo xǐng yuán lái hǔ tài láng lái dào le dǐng dǐng
郎从梦中吵醒。原来虎太郎来到了鼎鼎
dà míng de fēng jī cūn zhè shì yī gè zhì zuò qiú bàng fēi cháng
大名的枫鸡村。这是一个制作球棒非常

yǒu míng de cūn luò　　hǔ tài láng kāi xīn de jiào le qǐ lái
有名的村落，虎太郎开心得叫了起来，

yǐn lái cūn mín wéi guān
引来村民围观。

　　dāng hǔ tài láng shuō míng le lái yì　　gōng jī jīn jīng mǎ
当虎太郎说明了来意，公鸡金晴马

shàng tǐng shēn shì fàn　　zhǐ jiàn jīn jīng yī kāi shǐ jiù bǎ shēn tǐ
上挺身示范。只见金晴一开始就把身体

zhòng xīn fàng zài hòu fāng　　tí qǐ zuǒ jiǎo hòu　　jìng rán yòng dān
重心放在后方，提起左脚后，竟然用单

脚支撑身体；当球飞来时，左脚跺地扭腰用力大棒一挥，球就像搭上航天飞机，在空中消失了。

这种神奇的技法深深吸引了虎太郎，他决定留在枫鸡村接受特训。他每天拿着枫木球棒，击打飘下的枫叶训练眼力，也不断练习金睛所示范的独特击打方式。

经过一年辛苦练习，虎太郎终于回到家乡和虎大郎团聚。

不久，老虎村就传出了"金鸡独立虎太郎"的响亮名号。再一年，虎太郎

已经是名满南洋的全垒打英雄！老虎村

扬名世界后，谁最高兴？当然是虎爸爸

虎大郎喽！

备注：

　　虎大郎、熊猫大铁采用直立式打击法。大黑牛乳丁采用神主式打击法。公鸡金睛和虎太郎采用的金鸡独立式打击法，又称"稻草人式打击法"。

数字③和⑨ 大玩棒球魔法

文／侯旭璨
图／Allen

guānkàn bǐ sài qián　ràng wǒ menxiān lái liǎo jiě bàng qiú guī zé　jí měi gè qiú yuán de jué sè ba　qǐng
观看比赛前，让我们先来了解棒球规则及每个球员的角色吧！请
xiǎopéngyǒu jì zhù　hé　zhè liǎng gè mó shù shù zì　hěn duō bàng qiú guī zé dōu hé tā men yǒu
小朋友记住"3"和"9"这两个魔术数字，很多棒球规则都和它们有
guān yo
关哟！

当心③振　跑完③垒

rú guǒ tóu shǒu tóu chū　gè hǎo qiú　dǎ zhě dōu wú fǎ jī chū　jiù huì xíngchéng sānzhènchū jú
如果投手投出3个好球，打者都无法击出，就会形成"三振出局"。
rú guǒ néng jiāng qiú dǎ de yòu gāo yòu yuǎn　jiù yào yòng zuì kuài de sù dù
如果能将球打得又高又远，就要用最快的速度
yī xù pǎoshàng　gè lěi bāo　zhí dào rào yī quān huí běn lěi bǎn　cái suàn dé
依序跑上3个垒包，直到绕一圈回本垒板，才算得
fēn　tōngcháng xū yào qí tā duì yǒu jī chū ān dǎ cái néng dá chéng　kě
1分，通常需要其他队友击出安打才能达成，可
jiànbàng qiú shì jiǎng jiu tuán duì hé zuò de yóu xì ne
见棒球是讲究团队合作的游戏呢！

⑨局比赛　⑨人上场

yī chǎngbàng qiú sài gòng jìn xíng　jú　liǎng duì gè pài　gè rén shàngchǎng fángshǒu duì　rén tóng
一场棒球赛共进行9局，两队各派9个人上场，防守队9人同
shí shàngchǎng gōng jī duì　bàng zé shì lún liú shàngchǎng　jú zhōng　měi jú fēn chéngshàng bàn chǎng hé
时上场，攻击队9棒则是轮流上场。9局中，每局分成上半场和
xià bàn chǎng　měi gè bàn chǎng yóu yī duì gōng jī　lìng
下半场，每个半场由一队攻击，另
yī duì fáng shǒu　zhǐ yào gōng jī de nà duì yǒu
一队防守。只要攻击的那队有3
rén chū jú　yī gè bànchǎng jiù jié shù le
人出局，一个半场就结束了。

哇！球场上正在进行棒球比赛，让我们来看看每个球员的位置和任务吧！

 1

tóu shǒu
投手

fù zé jiāng
负责将
qiú tóu jìn dǎ jī
球投进打击
qū shí cháng tóu
区。时常投
chū zhuǎn wān qiú
出"转弯球"，
shuǎ de jī qiú yuán
耍得击球员
tuán tuán zhuàn
团团转。

 2

bǔ shǒu
捕手

fù zé jiē
负责接
zhù měi gè tóu shǒu
住每个投手
tóu chū de qiú shí
投出的球。时
cháng yǐ shēn tǐ zǔ
常以身体阻
dǎng bì miǎn lòu
挡，避免漏
jiē
接。

 3

yī lěi shǒu
一垒手

fù zé fáng
负责防
shǒu yī lěi shí
守一垒。时
cháng pǐ tuǐ jiē
常劈腿接
qiú bì miǎn duì
球，避免对
shǒu ān quán shàng
手安全上
lěi
垒。

 4

èr lěi shǒu
二垒手

fù zé fáng
负责防
shǒu èr lěi shí
守二垒。时
cháng fēi shēn pū
常飞身扑
qiú zǔ zhǐ duì shǒu
球，阻止对手
tū pò nèi yě fáng
突破内野防
xiàn
线。

5

sān lěi shǒu
三垒手

fù zé fáng
负责防
shǒu sān lěi kuài
守三垒。快、
hěn zhǔn de jiāng
狠、准地将
qiú chuán wǎng yī
球传往一
lěi cì shā pǎo lěi
垒，刺杀跑垒
yuán
员。

6

yóu jī shǒu
游击手

fù zé fáng
负责防
shǒu yóu jī qū
守游击区。
shí cháng zài nèi yě
时常在内野
kuài sù yí dòng kān
快速移动，堪
chēng qiú duì zhōng
称球队中
zuì líng huó de jué
最灵活的角
sè
色。

 **7**

yòu wài yě shǒu
右外野手

fù zé fáng
负责防
shǒu yòu wài yě
守右外野。
shí cháng fēi yán zǒu
时常"飞檐走
bì tiào shàng
壁"，跳上
yòu wài yě qiáng lán
右外野墙，拦
jié duì fāng quán lěi
截对方全垒
dǎ
打。

 **8**

zhōng wài yě shǒu
中外野手

fù zé fáng
负责防
shǒu zhōng wài yě
守中外野。
shí cháng zài wài yě
时常在外野
qū lái huí fēi bēn
区来回飞奔
jiē qiú huà jiě wēi
接球，化解危
jī
机。

9

zuǒ wài yě shǒu
左外野手

fù zé fáng
负责防
shǒu zuǒ wài yě shí
守左外野。时
cháng lì yòng qiáng
常利用强
jìng de bì lì kuài sù
劲的臂力快速
jiāng qiú chuán huí běn
将球传回本
lěi bì miǎn duì
垒，避免对
shǒu dé fēn
手得分。

10

jī qiú yuán
击 球 员

fù zé hé tóu shǒu zhèng miàn duì jué　　shì shí
负责和投手 正 面对决，适时

jī chū ān dǎ　　shí cháng dà bàng yī huī　jiāng qiú dǎ
击出安打。时 常 大 棒 一挥，将球打

de yòu gāo yòu yuǎn
得又高又远。

熊在帐篷外

文／林满秋　图／邱千容

1

dù dù hé bà ba qù shān
杜杜和爸爸去山

shàng lù yíng
上露营。

tā men zǒu le yī tiān de
他们走了一天的

lù zuì hòu xuǎn zài yī gè yōu
路，最后选在一个优

měi de hú biān zhā yíng zhā hǎo
美的湖边扎营。扎好

zhàng peng hòu dù dù bāng máng zhǔ
帐篷后，杜杜帮忙煮

fàn dāng xī yáng hái guà zài zhī
饭。当夕阳还挂在枝

头上时，他们已经坐在一截横倒的树干上吃晚餐了。"真可惜，妈妈没来！"杜杜吃饱了，觉得好幸福。

2

晚餐后，爸爸把食物装进袋子里，吊在两米外的大树上，杜杜把洗干净的盘子、刀叉放在帐篷四周。这么做是为了防熊，因为这一带山区经常有熊出没。

晚上，杜杜因为走了一天的山路，睡得很沉。不知道到底睡了多久，他被一阵乒乓声吵醒，他的直觉是：熊来了！外头还是暗的，天还没亮，帐篷外的刀叉、盘子又被踩到了，再次发出声响，而且还可以听到喘息声。他叫醒爸爸，小声地说："熊！"

爸爸仔细听着外头的声音，示意他不要出声。

杜杜僵硬地躺着，悄悄问爸爸：

"万一它掀起帐篷怎么办？"

爸爸安慰杜杜："我绑得很牢，不

大容易被掀起来。"

天空渐渐明亮，依然可以听见熊的

喘息声，一会儿远，一会儿近。杜杜忍

不住说："怎么办？我想尿尿。"

爸爸说："再忍一忍，熊应该快离

开了。"

3

大约过了半个多

小时，外头静了下来。杜杜再也忍不住了，他轻轻地拉开帐篷的拉链，左探右看，大胆地爬了出去。

他不敢离帐篷太远，就近解决。

这时候，一个巨大的黑影从树丛跳出来，杜杜吓得连滚带爬地钻入帐篷。

爸爸也吓坏了，抱着全身发抖的杜杜。

通过光影，他们看到那巨大的身影在帐篷外移动。爸爸拿起手电筒，小声说："它如果扯开帐篷，我就用光照它的眼睛，你快跑。"

4

他们悄悄地把鞋子、外套穿好，静

待下一刻的变化。

十分钟左右，黑影远离了。

大约又过了半小时，外头静悄悄

的，没有任何动静，杜杜瘫倒下来，有

一种死里逃生的感觉。

这时候，换爸爸想

niào niào
尿尿。

dù dù yòu zuò le qǐ lái　　shēng pà gāng cái de yī mù
杜杜又坐了起来，生怕刚才的一幕

chóng yǎn　　dǎn zhàn xīn jīng de lā cháng ěr duo　　tīng zhe wài tou
重演，胆战心惊地拉长耳朵，听着外头

de dòng jing
的动静。

wǒ xiǎng tā yǐ jīng zǒu le　　　bà ba de shēng yīn
"我想它已经走了。"爸爸的声音

cóng wài tou chuán lái
从外头传来。

dù dù tàn chū tóu　　guǒ rán méi kàn jiàn tā
杜杜探出头，果然没看见它。

kuài lí kāi zhè lǐ　　　dù dù hé bà ba yì kǒu
"快离开这里。"杜杜和爸爸异口

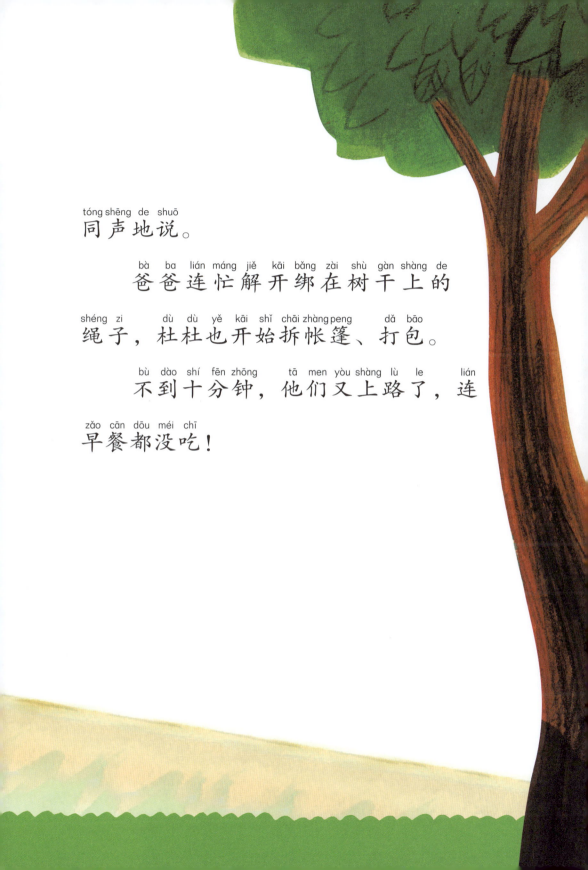

tóng shēng de shuō
同声地说。

bà ba lián máng jiě kāi bǎng zài shù gàn shàng de
爸爸连忙解开绑在树干上的

shéng zi dù dù yě kāi shǐ chāi zhàng peng dǎ bāo
绳子，杜杜也开始拆帐篷、打包。

bù dào shí fēn zhōng tā men yòu shàng lù le lián
不到十分钟，他们又上路了，连

zǎo cān dōu méi chī
早餐都没吃！

自己动手乐趣多

文・图／邱千容

nǐ lù guò yíng ma　lù yíng de lè cù zài yú zì jǐ dòng shǒu zuò hěn duō shì qing　tǐ yàn hé rì cháng

你露过营吗？露营的乐趣在于自己动手做很多事情，体验和日常

shēng huó bù tóng de shì wù　nǐ zhī dào lù yíng yào zhǔn bèi shén me ma　ràng wǒ men lái kàn yi kàn ba

生活不同的事物。你知道露营要准备什么吗？让我们来看一看吧！

bù lùn rèn hé jì jié　lù yíng dōu yào

不论任何季节，露营都要

zhǔn bèi yī jiàn kuài gān　nài mó　kuān sōng de

准备一件快干、耐磨、宽松的

cháng xiù wài tào

长袖外套。

jì de yī jù gè rén de yù

记得依据个人的预

suàn hé lù yíng de chǎng dì　xuǎn zé

算和露营的场地，选择

shì hé de chuī jù hé cān jù

适合的炊具和餐具。

mào zi
帽子

xiàng jī
相机

dì tú
地图

yào pǐn
药品

wàng yuǎn jìng
望远镜

gōng zuò shǒu tào
工作手套

yǔ jù
雨具

shuǐ hú
水壶

bǐ jì běn
笔记本

wài tào
外套

kuài gān cháng xiù
快干长袖

chuī jù
炊具

lú jù
炉具

lā jī dài
垃圾袋

tiáo wèi liào
调味料

cān jù
餐具

shǒu diàn tǒng
手电筒

guàn xǐ yòng jù
盥洗用具

sù shí cān bāo
速食餐包

jiāng chá
姜茶

wèi shēng zhǐ
卫生纸

dǎ huǒ jī
打火机

kuài lái bāng
快来帮

máng zhǔ fàn ba
忙煮饭吧！

huò kě
或可

kě fěn
可粉

mǐ
米

zhàng peng yǒu hěn duō zhǒng zài zì jǐ de yù suàn nèi xuǎn
帐 篷 有 很 多 种，在 自 己 的 预 算 内，选

zé shí yòng jiān gù qiě shì hé lù yíng chǎng dì de zhàng peng
择 实 用、坚 固 且 适 合 露 营 场 地 的 帐 篷。

dā zhàng peng lù yíng de shí hou yào xuǎn zé shuǐ yuán dì
搭 帐 篷 露 营 的 时 候，要 选 择 水 源 地

mǐ wài pái shuǐ liáng hǎo de shù yīn xià huò kòng dì
50 米 外、排 水 良 好 的 树 荫 下 或 空 地。

wài zhàng
外帐

yíng dēng
营灯

nèi zhàng
内帐

shuì dài
睡袋

shuì diàn
睡垫

shuǐ dài
水袋

yùn dòng xié
运动鞋

wén xiāng
蚊香

yíng dīng
营钉

博物馆故事

欢迎光临我的博物馆

文·图/刘旭恭

1

jīn tiān shì xiǎo líng de shēng
今天是小玲的生
rì tā dài le táng guǒ hé dàn
日，她带了糖果和蛋
gāo lái dà jiā gāo xìng de chàng
糕来，大家高兴地唱
zhe shēng rì kuài lè gē wǒ
着《生日快乐歌》，我
yě shì suī rán méi rén zhī dào
也是。虽然没人知道
jīn tiān yě shì wǒ de shēng rì
今天也是我的生日。

fàng xué le wǒ yī gè
放学了，我一个
rén tī zhe xiǎo shí tou màn màn de
人踢着小石头慢慢地
zǒu zhuǎn guò jiē jiǎo hòu chū
走，转过街角后，出
xiàn yī gè xiào mī mī de
现一个笑眯眯的

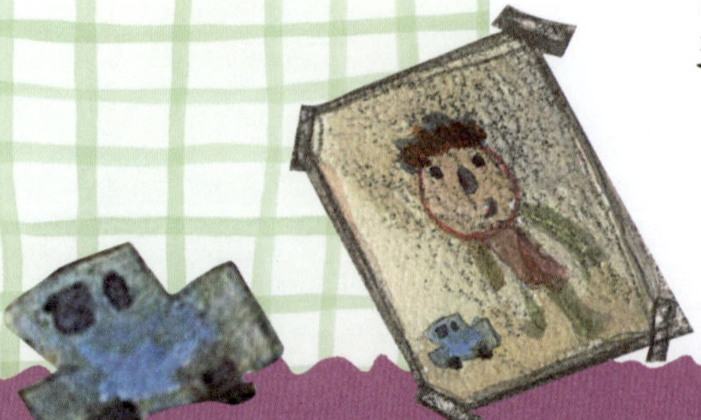

老爷爷，他戴着帽子，穿着蓝色的毛背心。老爷爷说："今天是博物馆开门的日子，请你来参观！"

我从来没参观过博物馆，不过我记得老师说过，博物馆是收集珍贵宝物的地方。我说："可是我没有钱。"

lǎo yé ye shuō méi guān xi zhè shì wǒ de
老爷爷说：“没关系，这是‘我的
bó wù guǎn nǐ bù xū yào mén piào
博物馆’，你不需要门票。”

2

lǎo yé ye dài wǒ zuān jìn páng biān de xiǎo xiàng zi qiáng
老爷爷带我钻进旁边的小巷子，墙
bì shàng yǒu yī shàn piào liang de bō li mén lǎo yé ye tuī kāi
壁上有一扇漂亮的玻璃门，老爷爷推开
mén wǒ men yī qǐ zǒu jìn qù dì shàng pū zhe hóng dì
门，我们一起走进去，地上铺着红地
tǎn tiān huā bǎn shàng diào zhe jīn bì huī huáng de shuǐ jīng dēng
毯，天花板上吊着金碧辉煌的水晶灯。

yī gè dà guì zi lǐ yǒu dàn zhū jī
一个大柜子里有弹珠、积
mù xiǎo qì chē sān lún jiǎo tà chē xióng
木、小汽车、三轮脚踏车、熊
bǎo bao hé xiǎo yā ya wǒ
宝宝和小鸭鸭。我
kàn dāi le zhè xiē dōu shì
看呆了，这些都是

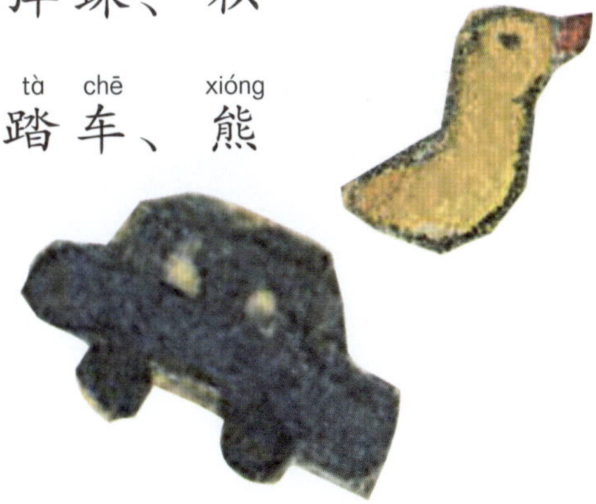

我小时候的玩具，后来我长大了，不玩了，然后它们就不见了。

没想到它们都在这里，是谁把它们收得这么好呢？

我觉得有些伤心。好久不见了，你们好吗？

旁边的大桌子上都是我熟悉的东西：没上完的钢琴课乐谱、不敢寄出去的卡片和幼儿园的自画像……我用手细细抚摸，感觉过去离我很远又很近，我的回忆原来都被收到这里来了。

3

老爷爷带我往后面走，他推开一扇门，里面是一间小小的戏院，舞台上有人在演

戏，台下却一个人也没有，主角看起来
好熟悉——是我自己！他们在演我的故
事！

我看着舞台上的自己：在房间里偷
偷地哭，和小狗玩捉迷藏，在外婆怀里
开心地笑，一个人孤独地走路，牵着爸
爸的手，认识了新的朋友……这些都是
我忘不了的景象。

戏演完了，大家为我鼓掌，我兴奋
地冲上去，和我自己拥抱。

我觉得这里好奇妙，我的心好温
暖。

4

wǒ men cóng bó wù guǎn chū lái shí tiān hái shi liàng
我们从博物馆出来时，天还是亮
de
的。

wǒ wèn lǎo yé ye wèi shén me zhè jiān bó wù guǎn
我问老爷爷：“为什么这间博物馆
lǐ dōu shì hé wǒ yǒu guān de dōng xi ne
里都是和我有关的东西呢？”

lǎo yé ye shuō yīn wèi zhè shì wǒ de bó wù
老爷爷说：“因为这是‘我的博物
guǎn yī jiān zhǐ wèi nǐ kāi fàng de bó wù guǎn zhǐ yào
馆’！一间只为你开放的博物馆，只要
nǐ yǒu xū yào tā jiù huì chū xiàn
你有需要，它就会出现！”

dì èr tiān wǒ zài qù zhǎo què zěn me yě zhǎo bù dào
第二天我再去找，却怎么也找不到
le
了。

bù guò měi dāng wǒ xīn qíng dī luò de shí hou
不过，每当我心情低落的时候，

"我的博物馆"就会出现，真的，就像老爷爷说的一样。

博物馆是缪斯女神的家

文／张明薰　图／Allen

古代希腊神话中有九位缪斯女神，她们掌管天文、历史、诗歌、音乐、戏剧和舞蹈。而英文的"博物馆"——museum，就是源自希腊语"mouseion"，原意是"供奉缪斯的地方"，可见博物馆是个和艺术、文化、知识相关的地方。

早期博物馆 专属贵族

人们公认的世界上最早的博物馆，大约成立于2300多年前，地点在埃及的亚历山大城，人们把它叫作"缪斯神殿"。缪斯神殿里面收藏了亚历山大大帝打仗时从各地收集来的宝物，但是一般平民百姓不能进入，所以欣赏不到那些来自各地的珍贵文物。

贵族没落 博物馆开放

后来，贵族慢慢没落，许多贵族的房子和收藏品变成国家的财产，开放给大家参观。这些收藏品包括画作、文件、器皿、化石等，这就是我们现在所知的博物馆。

博物馆的种类

国际上通常将博物馆划分为四类：艺术博物馆，如卢浮宫博物馆、故宫博物院；历史博物馆，如墨西哥国立人类学博物馆、中国国家博物馆；科学博物馆，如英国自然历史博物馆、中国地质博物馆；特殊博物馆，如布鲁克林儿童博物馆、斯坎森露天博物馆。

青蛙公主去兜风

文／兔子波西　图／王子面

今天是大日子！

青蛙王国的小公主又

要骑单车去兜风了。

青蛙老臣先扫干

净地面，又拿放大镜

仔细检查一遍，希望

能保证小公主

在出皇宫的

这一段路上，不会出意外。

老臣摸摸自己瘦弱的脖子，

万一小公主有个三长

两短，自己的脑袋也

不保了。

"咿唔——哈哈

哈！"小公主骑着单车

出来了，一下就划过老臣

的身边。

老臣赶忙在后面追着跑，

jiào hǎn xiǎo gōng zhǔ qí màn diǎnr
叫喊："小公主，骑慢点儿，

wǒ yào bǎo hù nǐ de ān quán na
我要保护你的安全哪！"

qīng wā lǎo chén nián qīng shí kě shì yǒu
青蛙老臣年轻时，可是有

fēi máo tuǐ de chēng hào
"飞毛腿"的称号。

2

xiǎo gōng zhǔ bù lǐ tā chū le
小公主不理他，出了

huáng gōng gèng xiàng tuō jiāng de yě mǎ qí
皇宫更像脱缰的野马，骑

guò xiāng jiān hé xiǎo qiáo lǎo chén hǎo bù
过乡间和小桥，老臣好不

容易赶来，她又骑进树林里不见了。

"快出来呀！别让老臣担心哪！小公主？"每次小公主都会失踪一阵子，害老臣急得团团转。过一会儿，小公主又出现了："哎呀！你怎么还不回去？别再跟着我啦！""不！这是我的职责。"老臣很坚持。

"哼！"小公主故意骑上

shān pō　　xiǎng ràng lǎo chén
山坡，想让老臣

zhī nán ér tuì
知难而退。

lǎo chén réng zài hòu
老臣仍在后

miàn bāng máng tuī chē，　qì
面帮忙推车，气

chuǎn xū xū de wǎng
喘吁吁地往

shàng pǎo：　　"小
上跑：　　"小

gōng zhǔ，　nǐ fàng
公主，你放

xīn qí，　yǒu wǒ
心骑，有我

bāng nǐ……　chū
帮你……出

56

力气，我……啊！"

终于，老臣累得跌倒了。

③

"喂，你还好吗？"小公主有点儿

惭愧地说，"我忘记你已经老了。"

老臣休息一下，爬起来说："真是

suì yuè bù ráo rén　　dùi bu qǐ　　xiǎo gōng zhǔ
岁月不饶人！对不起，小公主……"

　　　　āi yō　　wǒ yǐ jīng bù xiǎo le　　dōu zhǎng de bǐ
　　　　"哎哟，我已经不小了，都长得比

nǐ gāo la　　　xiǎo gōng zhǔ lā zhe lǎo chén zuò shàng dān chē de
你高啦！"小公主拉着老臣坐上单车的

hòu zuò　　　lái　　wǒ zài nǐ
后座，"来！我载你。"

　　　　xiǎo gōng zhǔ　　　lǎo chén xià huài le
　　　　"小公主！"老臣吓坏了。

　　fàng xīn la　　　wǒ pà shòu shāng huì hài nǐ bèi chǔ
　　"放心啦！我怕受伤会害你被处

罚，早就练就骑
车的好技术！"小
公主的双腿真强
健，轻松地载着老
臣骑上山坡，来到
优美的池塘边。小

<ruby>公<rt>gōng</rt>主<rt>zhǔ</rt>和<rt>hé</rt>老<rt>lǎo</rt>臣<rt>chén</rt>一<rt>yī</rt>起<rt>qǐ</rt>野<rt>yě</rt>餐<rt>cān</rt></ruby>，<ruby>欣<rt>xīn</rt>赏<rt>shǎng</rt>蓝<rt>lán</rt>天<rt>tiān</rt>和<rt>hé</rt>水<rt>shuǐ</rt>中<rt>zhōng</rt></ruby>

<ruby>的<rt>de</rt>倒<rt>dào</rt>影<rt>yǐng</rt></ruby>。

“谢谢你，从小到大陪我出来骑车解闷。”“小公主……”老臣感动得流下泪。

小公主眨眨眼睛说：“我还知道很多好地方哟！”

“咿唔——哈哈哈！”老臣开心地和小公主下了山坡，他们都好期待下次兜风的日子！

骑自行车锻炼体能

文／伍国荣　图／杨锡珍

qí zì xíng chē bù hào fèi néng yuán　hái néng duàn liàn shēn tǐ　shí fēn huán bǎo　zài qí chē
骑自行车不耗费能源，还能锻炼身体，十分环保。在骑车

shàng lù qián　yī dìng yào xiān jiǎn chá chē de gè xiàng gōng néng shì fǒu zhèng cháng　gòu mǎi zì xíng chē
上路前，一定要先检查车的各项功能是否正常。购买自行车

yī dìng yào dào zhèng guī shāng chǎng　zhè yàng bù jǐn zhì liàng yǒu bǎo zhèng　hái yǒu zhuān yè rén yuán
一定要到正规商场，这样不仅质量有保证，还有专业人员

tí gōng zī xún
提供咨询。

行前要检查
轮胎气压要充足

kuà shàng zì xíng chē zhī qián　xiān yòng
跨上自行车之前，先用

shuāng shǒu dà mǔ zhǐ àn yā lún tāi　jiǎn chá
双手大拇指按压轮胎，检查

lún tāi qì yā shì fǒu chōng zú　qì yā bù zú
轮胎气压是否充足，气压不足

jiù yào xiān dǎ qì bǔ chōng biǎn biǎn de chē
就要先打气补充，扁扁的车

lún　kě shì huì ràng rén shuāi jiāo de yo
轮，可是会让人摔跤的哟！

rú guǒ yī qiè zhǔn bèi jiù xù　què rèn
如果一切准备就绪，确认

gè xiàng gōng néng zhèng cháng　jiù kě yǐ qí
各项功能正常，就可以骑

chē shàng lù lou
车上路喽！

认识自行车
了解结构才安全

ān quán mào (安全帽)：ān quán mào bù néng tài sōng huò shì tài jǐn
安全帽：安全帽不能太松或是太紧。

fú zhuāng (服装)：qí chē shí yào chuān yùn dòng xié hé hé shēn de fú zhuāng bì miǎn yī kù juǎn jìn liàn tiáo
服装：骑车时要穿运动鞋和合身的服装，避免衣裤卷进链条。

chē bǎ (车把)：xíng jìn shí chē bǎ bù huì zuǒ yòu huàng dòng cái zhèng cháng
车把：行进时，车把不会左右晃动才正常。

zuò diàn (坐垫)：zuò shàng zì xíng chē shuāng jiǎo kě yǐ tà dào dì miàn bù huì zuǒ yòu huàng dòng zhè ge gāo dù jiù shì shì hé zì jǐ de gāo dù
坐垫：坐上自行车，双脚可以踏到地面，不会左右晃动，这个高度就是适合自己的高度。

chē líng (车铃)
车铃

chē dēng (车灯)
车灯

shā chē (刹车)：shuāng shǒu lún liú àn yā shā chē lā gān shuāng jiǎo qián hòu tà dòng zì xíng chē zì xíng chē bù huì huá dòng cái zhèngcháng
刹车：双手轮流按压刹车拉杆，双脚前后踏动自行车，自行车不会滑动才正常。

chē lún (车轮)
车轮

fǎn guāng zhuāng zhì (反光装置)：zài chē wěi tà bǎn jí chē lún děng chù jiā zhuāng fǎn guāng zhuāng zhì qí tā jià shǐ yuán hé xíng rén cái néng kàn de qīng chu xiǎo xīn bì kāi
反光装置：在车尾、踏板及车轮等处加装反光装置，其他驾驶员和行人才能看得清楚，小心避开。

孩子岛的马戏团

文／郑宇庭　图／大宇人

孩子岛的马戏团每年都会巡回全岛表演，由团长东东锵率领的动物演员们，是岛上最受欢迎的开心果。

1

马戏团全员集合练习的这一天，有大事发生了。

鹦鹉大眼说：

"我不想再当骑单轮

chē de yīng wǔ le, wǒ xiǎng
车的鹦鹉了，我想

cháng shì yī xià bié de biǎo yǎn jié
尝试一下别的表演节

mù。"
目。"

dà xiàng juǎn bí yě jǔ qǐ tā de qián jiǎo shuō wǒ
大象卷鼻也举起他的前脚说："我

gǔn qiú gǔn dào jiǎo dǐ zhǎng jiǎn le wǒ xiǎng yào shì shi yòng wǒ
滚球滚到脚底长茧了，我想要试试用我

líng qiǎo de sì zhī jiǎo biǎo yǎn
灵巧的四只脚表演。"

dòng wù men fēn fēn fā biǎo yì jiàn
动物们纷纷发表意见。

yú shì dà jiā chóng xīn fēn pèi le biǎo yǎn
于是，大家重新分配了表演

de jié mù mǎ xì tuán tuán zhǎng dōng dōng qiāng
的节目。马戏团团长东东锵

kàn zhe dòng wù men zì jǐ ān pái de jié mù
看着动物们自己安排的节目

biǎo zhòu zhe méi tóu xiǎng xiàng jí jiāng dào
表，皱着眉头，想象即将到

lái de dà hùn luàn
来的大混乱。

2

在最高的栏杆上，鹦鹉大眼正飞越
马戏团帐篷的屋顶。没有空中飞人真的
会飞，但是大眼却真的在闭眼飞行。大
象卷鼻在练习跨栏时，不是卡住栏杆，
就是前脚先撞上，后脚也跟着打结，

yī pì gu zuò zài shuǐ táng lǐ
一屁股坐在水塘里。

xiǎo zhū bō qí de sì tiáo duǎn tuǐ zài gāng suǒ shàng jiāo hù
小猪波奇的四条短腿在钢索上交互

qián jìn hái děi yòng bí zi dǐng zhe píng héng gān yáo yáo huàng
前进，还得用鼻子顶着平衡杆，摇摇晃

huàng mài bù xiǎo xióng ā lǔ bù guǎn zěn me tiào dōu wú fǎ
晃迈步；小熊阿鲁不管怎么跳，都无法

tiào guò quān quān bù shì yíng miàn zhuàng shàng jiù shì dù zi
跳过圈圈，不是迎面撞上，就是肚子

qiǎ zhù hái děi má fan tuán zhǎng jiù tā xià lái
卡住，还得麻烦团长救他下来。

suī rán zhè yàng de biǎo yǎn
虽然这样的表演

bǐ wǎng cháng xīn kǔ xǔ duō dàn
比往常辛苦许多，但

dòng wù men wèi le zì jǐ de jué
动物们为了自己的决

dìng dōu shí fēn rèn zhēn de liàn
定，都十分认真地练

xí zhe
习着。

3

dōng tiān de yè wǎn mǎ xì tuán dà zhàng peng yǒng jìn dà
冬天的夜晚，马戏团大帐篷涌进大

pī rén cháo zhàng peng wài yǒu mài gè shì gè yàng líng shí de xiǎo
批人潮，帐篷外有卖各式各样零食的小

fàn zhàng peng lǐ yóu tuán zhǎng bàn yǎn de xiǎo chǒu zhèng zài jiè shào
贩，帐篷里由团长扮演的小丑正在介绍

quán xīn de biǎo yǎn jié mù
全新的表演节目。

xiǎo zhū bō qí chū chǎng zǒu gāng suǒ shí hěn duō guān
小猪波奇出场走钢索时，很多观

zhòng dōu méng zhù yǎn jing bù gǎn kàn dàn shì bō qí de jiǎo
众都蒙住眼睛不敢看，但是波奇的脚

bù què xiàng tiào wǔ bān qīng qiǎo shùn lì dào dá le gāng suǒ
步却像跳舞般轻巧，顺利到达了钢索

zhōng diǎn xiǎo xióng ā lǔ de tiào quān quān gèng shì quán chǎng de
终点。小熊阿鲁的跳圈圈更是全场的

gāo cháo tā yī xù chuān guò yī gè liǎng gè sān gè quān
高潮，他依序穿过一个、两个、三个圈

quān zuì hòu zòng shēn yī yuè sì gè quān quān wán quán méi yǒu
圈，最后纵身一跃，四个圈圈完全没有

碰到肚子，连东东锵团长都站在一旁鼓

掌，完全没发现自己宽松的裤子已经掉

了……

表演空中飞人的鹦鹉大眼，闭着眼

睛和猴子吱吱从帐篷最高处旋转三圈

半安全落地，观众们大声喝彩，拍手

叫好！大象卷鼻助跑全场两圈，奋力地

抬起他的大头与前脚，跃过了栏杆与水

塘，全场又是一阵欢呼。

这一夜，马戏团的动物们完

成了一次不可思议的公演，观

众们也带着笑容，满足地走出帐

<ruby>篷<rt>peng</rt></ruby>。<ruby>团<rt>tuán</rt></ruby><ruby>长<rt>zhǎng</rt></ruby><ruby>东<rt>dōng</rt></ruby><ruby>东<rt>dōng</rt></ruby><ruby>锵<rt>qiāng</rt></ruby><ruby>决<rt>jué</rt></ruby><ruby>定<rt>dìng</rt></ruby>，<ruby>以<rt>yǐ</rt></ruby><ruby>后<rt>hòu</rt></ruby><ruby>不<rt>bù</rt></ruby><ruby>再<rt>zài</rt></ruby><ruby>限<rt>xiàn</rt></ruby><ruby>制<rt>zhì</rt></ruby><ruby>大<rt>dà</rt></ruby>

<ruby>家<rt>jiā</rt></ruby>，<ruby>让<rt>ràng</rt></ruby><ruby>他<rt>tā</rt></ruby><ruby>们<rt>men</rt></ruby><ruby>想<rt>xiǎng</rt></ruby><ruby>要<rt>yào</rt></ruby><ruby>表<rt>biǎo</rt></ruby><ruby>演<rt>yǎn</rt></ruby><ruby>什<rt>shén</rt></ruby><ruby>么<rt>me</rt></ruby>，<ruby>就<rt>jiù</rt></ruby><ruby>努<rt>nǔ</rt></ruby><ruby>力<rt>lì</rt></ruby><ruby>练<rt>liàn</rt></ruby><ruby>习<rt>xí</rt></ruby>

<ruby>达<rt>dá</rt></ruby><ruby>成<rt>chéng</rt></ruby>。

欢乐满帐篷

文／潘家鑫　图／Allen

从一个城市迁移到另一个城市

马戏团是由许多艺人和动物组成的表演团体。在电视还没被发明的年代，他们不断地从一个城市迁移到另一个城市，在当地架起大帐篷，表演空中飞人、歌舞秀、吞火、魔术、大力士等不常见的节目，并从远地运来稀有的动物，进行展览，就像四处游走的迪士尼乐园和小型动物园。

阵容强大　表演应接不暇

马戏团的帐篷内通常会有三个大圆圈，进行不同的表演。表演开始前和中场休息时，会有小贩叫卖爆米花、热狗和其他零食，非常热闹。

为防止观众无聊，还有小丑串场，他们会找观众开玩笑，或表演各种滑稽的动作，是很棒的表演艺术。

马戏团搬家　工程浩大

马戏团搬家可是大工程，因为要搬运硕大的帐篷、工作人员的全部家当，还有动物和笼子。美国的寇伯马戏团就发明了马戏团专用的火车，搬家的阵仗往往吸引来许多路人聚集围观，这正好成为"马戏团来到贵宝地"的最佳广告。

野生动物拒当马戏团明星

传统马戏团常有动物表演，有些马戏团的动物在受训过程中被虐待，除了笼子太小，还要忍受许多不合理的要求和不断搬迁。现在的新型马戏团，强调的大都是舞台声光效果和演员表演高难度动作，像著名的"太阳马戏团"就被建议改名为"太阳剧团"，他们的节目中就没有动物表演。

野生动物在训练或表演过程中容易发生危险。

我想回家，我不想当马戏团演员！

做小书故事

欧欧的寒假作业

文·图/陶乐蒂

jīn nián de hán jià zuò yè
今年的寒假作业,

mò lì lǎo shī yào dà jiā zuò yī běn
茉莉老师要大家做一本

zì jǐ de shū　　ōu ōu jué de hǎo kùn
自己的书。欧欧觉得好困

nan　　měi cì xiǎng dào dōu kuài dǎ kē shuì
难,每次想到都快打瞌睡

le　　hái shì bù zhī dào yào zuò shén me
了,还是不知道要做什么

shū cái hǎo　　　　yú shì tā dǎ diàn huà wèn
书才好,于是他打电话问

hǎo péng you dōu zuò le shén me
好朋友都做了什么……

1

xiǎo zhū bǐ bǐ xǐ huan chī bǐng gān　　gè zhǒng kǒu wèi de
小猪比比喜欢吃饼干，各种口味的

bǐng gān tā dōu ài　　suǒ yǐ tā zuò le yī běn bǐng gān shū
饼干他都爱，所以他做了一本饼干书。

bǐ bǐ qǐng mā ma jiāo tā zuò bǐng gān　　tā men zuò le
比比请妈妈教他做饼干，他们做了

bā zhǒng kǒu wèi de bǐng gān　　hái zài bǐng gān de biān biān chuān le
八种口味的饼干，还在饼干的边边穿了

liǎng gè dòng　　zhè yàng jiù kě yǐ yòng shéng zi chuān guò qù bǎng qǐ
两个洞，这样就可以用绳子穿过去绑起

lái　　biàn chéng yī dié bǐng gān shū le
来，变成一叠饼干书了。

　　mǔ zǐ liǎ hái yī qǐ zuò táng shuāng　　bǐ bǐ zài měi yī
母子俩还一起做糖霜，比比在每一

yè　　bǐng gān shàng huà shàng měi lì de tú huà　　suī rán shì
"页"饼干上画上美丽的图画。虽然是

méi yǒu wén zì de bǐng gān shū　　dàn shì tīng qǐ lái　　bǐ bǐ
没有文字的饼干书，但是听起来，比比

de shū hái shi hěn xī yǐn rén de
的书还是很吸引人的。

2

小狗美美做的是像寻宝图的卷卷书。这个寒假，她帮妈妈送刚烤好的蛋糕给住在小镇另一边的外婆，她把沿路熟悉的店铺、学校、图书馆……都画进卷卷书里，她把这本书叫作《美美的世界》。

欧欧觉得美美好厉害，他从来没有想过，自己住的地方也可以变成书的内容。

外婆的家

Bus

美美的家

hēi māo wān wān zuò le yī
黑猫弯弯做了一
běn yè zi shū   yīn wèi tā zuì
本叶子书，因为她最
xǐ huan pá shù le   qiū tiān de
喜欢爬树了，秋天的
shí hou   tā shōu jí le shù shàng
时候，她收集了树上
de yè zi   xiǎo xīn de jiā zài shū běn lǐ
的叶子，小心地夹在书本里。

wān wān hái qù tú shū guǎn xún zhǎo shù jù   bǎ měi
弯弯还去图书馆寻找数据，把每
yī kē shù de tè zhēng   kāi huā de shí jiān   guǒ shí de yàng
一棵树的特征、开花的时间、果实的样
zi   dōu hǎo hǎo de zuò le yī fān diào chá   xiě jìn tā
子……都好好地做了一番调查，写进她
de shū lǐ miàn   tā shuō   tā zuò zhè běn shū shì wèi le gǎn
的书里面。她说，她做这本书是为了感
xiè zhè xiē shù ràng tā kàn dào gèng gāo   gèng yuǎn de fēng jǐng
谢这些树让她看到更高、更远的风景。

4

听到几个好朋友 创

作的点子，欧欧心里越

来越着急，大家的书听

起来都好棒，他怀疑自

己可能永远都做不出一

本书。

就在这时候，他看到自己想东想西

时在纸上乱画的图，他画了比比、美

美、弯弯，也画了自己，他突然想到他

可以画一本和好朋友一起去旅行、冒险

de shū　　　tā jué dìng bǎ zhè běn shū jiào zuò　　bǐ bǐ　　měi
的书，他决定把这本书叫作《比比、美

měi　　wān wān hé ōu ōu de dà mào xiǎn
美、弯弯和欧欧的大冒险》。

　　　　ōu ōu hǎo kāi xīn　　tā xiāng xìn　　　kāi xué de shí
　　欧欧好开心！他相信，开学的时

hou　　bǐ bǐ　　měi měi hé wān wān yī dìng yě hěn xiǎng kàn dào
候，比比、美美和弯弯一定也很想看到

zhè běn tā wèi hǎo péng you chuàng zuò de shū
这本他为好朋友创作的书。

一起做有表情的小书

文·图／郑淑芬

从印刷厂"出生"的书，通常都长得一模一样。但是，自己设计、创造的每一本书，都不一样。现在利用空闲时间，让我们一起做一本"表情"独特的小书吧！

1 找三张尺寸一样的纸。将三张纸整齐叠放，在左边订上书钉，并且分剪成上、中、下三段。

小心不要剪断啊！

2 先在第一张纸上画上一个大脸。脸要大得能纵跨上、中、下三段才行。

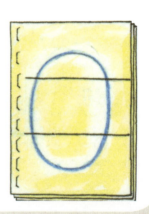

记得要纵跨上、中、下三段哟！

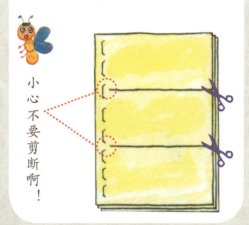

3

měi yī duàn fēn bié huà shàng bù tóng
每一段分别画上不同
de wǔ guān shàng duàn zhǐ huà tóu fa hé méi
的五官，上段只画头发和眉
mao zhōng duàn zhǐ huà yǎn jing bí zi hé
毛，中段只画眼睛、鼻子和
ěr duo xià duàn huà zuǐ ba hé shēn tǐ
耳朵，下段画嘴巴和身体。

第一页完成了！

4

fān kāi dì yī zhāng de shàng
翻开第一张的上
duàn hé xià duàn zài dì èr zhāng huà
段和下段，在第二张画
chū bù tóng de fà xíng méi mao zuǐ
出不同的发型、眉毛、嘴
ba yī lǐng
巴、衣领……

画的时候，这四点要紧密接合！

5

fān kāi zhōng duàn zài dì èr
翻开中段，在第二
zhāng zhǐ shàng huà shàng bù tóng de yǎn
张纸上画上不同的眼
jing hé bí zi dì èr zhāng jiù wán
睛和鼻子，第二张就完
chéng le
成了！

重复步骤 4 和 5 完成小书的第三页。

6

quán bù huà wán le gǎn kuài
全部画完了，赶快
lái fān yi fān hǎo duō biǎo qíng a
来翻一翻。好多表情啊！
dào dǐ yǒu jǐ gè bù tóng de biǎo qíng
到底有几个不同的表情
ne
呢？

我喜欢第三页的头发，你呢？

小鱼、小虾米海底历险记

文/赵淑雯　图/徐至宏

1

暑假到了，不用上学，爸妈又在上班，小鱼和邻居小虾米在家里发呆，不知道做什么才好。

小鱼提议："好无聊哇！我们去探险吧！还可以把探险结果写成暑假作业。"

xiǎo xiā mi hài pà de shuō　　　tàn xiǎn　　bù hǎo
小虾米害怕地说："探险？不好

ba　　tài wēi xiǎn le　　rú guǒ bèi bà mā zhī dào　　yī dìng
吧！太危险了，如果被爸妈知道，一定

huì bèi mà de hěn cǎn de　　hái shi děng bà mā xiū jià　dài
会被骂得很惨的，还是等爸妈休假，带

wǒ men chū qù wán ba
我们出去玩吧！"

　　xiǎo yú shuō　　　zǒu la　bié pà　bù huì yǒu shì
　　小鱼说："走啦！别怕，不会有事

de
的！"

89

小虾米虽然觉得不妥，但是待在家里很无趣，就跟着小鱼出门去探险。

2

为了让旅行更加刺激，小鱼决定往

海底深处游，看看深海里有什么稀奇古怪的东西，等开学后就可以和同学分享了。

小鱼和小虾米边游边聊天，越游越远，完全没有听到逐渐靠近的渔船引擎声。突然，一张渔网撒下来，小鱼被网困住了！

小鱼好害怕，他想起早上爸妈出门时，叮咛他不可以乱跑，还说周末要带他去吃水草大餐，可是现在……小鱼好着急，害怕再也见不到爸妈了。

小虾米也很紧张，不知道小鱼会被带去什么地方，只好使劲地游，紧紧跟着渔网，深怕小鱼再也回不来了。

不知道过了多久，渔船终于慢下来，渔网也停止晃动。小虾米趁这个机会，想用自己的螯夹破渔网救出小鱼。

可是小虾米的螯实在太小了，根本剪不断渔网。

3

引擎声又开始作响，渔船好像要

移动了！小鱼和小虾米非常紧张。突然，一只大钳子出现，剪断渔网，小鱼总算逃了出来。

"呼！小鱼差点儿就被抓走了！螃蟹伯伯，真是谢谢你。"小虾米向螃蟹道谢。

螃蟹说："不客气，小事一件。只是，你们两个小东西，怎么会跑到这么深的海底呢？"

小虾米一五一十地把事情告诉螃蟹。螃蟹听完便说："既然这样，我带你们去海龙王的宫殿参观吧，保证你们的暑假作业可以写得很精彩！"

4

"哇！好漂亮的龙宫！""哇！好大的蚌壳！"小鱼和小虾米在龙宫里看到很多漂亮又神奇的宝物。有了刚刚

的教训，这次他们很守规矩，安静地参观，不随便碰东西，不懂的地方就发问。海龙王和龙宫里的动物都很喜欢他们，称赞他们很有礼貌。

参观完龙宫后，螃蟹担心小鱼、小虾米在回家的路上发生危险，特地向海龙王借了"海龙号"潜水艇，准备送他们回家。

螃蟹对小鱼和小虾米说："下次再遇到危险可能就没有这么幸运了！"

"我们再也不敢了！"小鱼和小虾

mǐ zhōng yú liǎo jiě le xíng qián guī huà de zhòng yào xìng　　yě jué

米终于了解了行前规划的重要性，也决

dìng hǎo hǎo jì huà yī gè lǚ yóu xíng chéng　　qǐng bà ba　　mā

定好好计划一个旅游行程，请爸爸、妈

ma dài tā men chū qù wán

妈带他们出去玩。

dāng rán　　zuì zhòng yào de　　jiù shì bǎ zhè cì jīng yàn

当然，最重要的，就是把这次经验

xiě jìn shǔ jià zuò yè lǐ　　xiǎo yú hé xiǎo xiā mǐ děng bu jí

写进暑假作业里，小鱼和小虾米等不及

yào hé tóng xué fēn xiǎng jīng cǎi yòu cì jī de lǚ xíng le

要和同学分享精彩又刺激的旅行了！

预约快乐假期

文／飞翔种子　图／Allen

zhǎo gè bà ba　　mā ma xiū jià de shí jiān　　quán jiā yī qǐ chū mén wán shuǎ ba　　chū fā qián hé jiā rén
找 个爸爸、妈妈休假的时间，全家一起出门玩 耍吧！出发前和家人

jì huà xíng chéng　kě yǐ ràng lǚ xíng gèng chōng shí yǒu yì yì
计划行程，可以让旅行更 充 实有意义！

步骤1　寻找目标
画一画地点

ná chū dì tú kàn yi
拿出地图看一

kàn　　nǎ xiē dì fang nǐ qù
看，哪些地方你去

guò le　　nǎ xiē dì fang hái
过了？哪些地方还

méi qù guò　hái méi yǒu qù
没去过？还没有去

guò de jǐng diǎn　　jiù shì hěn
过的景点，就是很

hǎo de lǚ xíng dì diǎn yo
好的旅行地点哟！

步骤2　拟订计划　确定旅游方向

tǎo lùn lǚ xíng dì diǎn shí　　měi gè rén yì jiàn bù tóng
讨论旅行地点时，每个人意见不同，

róng yì méi yǒu jié guǒ　　zuì hǎo zhào kāi jiā tíng huì yì yī qǐ tǎo
容易没有结果，最好召开家庭会议一起讨

lùn　　gòng tóng zuò chū jué dìng
论，共同做出决定。

yī bān lái shuō　　lǚ xíng de dà fāng xiàng yǒu jǐ zhǒng
一般来说，旅行的大方向有几种：

cān guān fēng jǐng míng shèng　xīn shǎng dà zì rán　　cān guān bó
参观风景名胜，欣赏大自然；参观博

wù guǎn　měi shù guǎn　tuò zhǎn jiàn wén　　suǒ dìng yóu lè yuán
物馆、美术馆，拓展见闻；锁定游乐园，

xiǎng shòu hǎo wán de yóu lè shè shī　jiā tíng chéng yuán kě yǐ
享 受好玩的游乐设施。家庭成 员可以

cóng zhè jǐ gè dà fāng xiàng lǐ tiāo xuǎn zuì
从这几个大方向里挑选最

duō rén xǐ huan de xiàng mù
多人喜欢的项目，

tǎo lùn chū gòng tóng mù
讨论出共同目

biāo
标。

步骤3 规划行程 上网、看工具书

确定行程方向后，可以上网或到书店、图书馆找旅行工具书，那里有详细的交通路线、景点介绍、门票价格等信息；只要设定目的地，再依照网上或书中介绍，就能轻松出发。提醒你，有些旅游书里的信息没有实时更新，出发前最好打电话确认，才不会扫兴。

 步骤4 旅行清单 确定携带物品

外出旅行，最好随身带着相机或笔记本，记录看到的人、事、物，不只留作纪念，说不定还能写篇好游记呢！

为了避免该带的东西忘了带，出发前一天，把要带的东西列出来，一一清点后打包，才不会因为少带某些东西而手忙脚乱。左图都是旅行中可能需要的东西哟！

背包

御寒衣物

望远镜

地图

钱包

纸巾

笔记本

防晒油

雨具

遮阳帽

照相机

意外连连的马拉松赛跑

文／黄文辉　图／吴子平

1

luò jī xǐ huan pǎo bù
洛基喜欢跑步，

dàn shì tā xián hù wài kōng qì zāng
但是他嫌户外空气脏，

tiān qì yīn qíng bù dìng chē zi
天气阴晴不定，车子

duō lù shàng yòu yǒu gǒu shǐ
多，路上又有狗屎……

zuì hòu zhǐ hǎo zài jiā lǐ de
最后，只好在家里的

pǎo bù jī shàng pǎo bù
跑步机上跑步。

yǒu yī tiān péng you
有一天，朋友

bāng tā jì shí fā xiàn tā pǎo
帮他计时，发现他跑

le sì shí èr diǎn yī jiǔ wǔ gōng
了四十二点一九五公

lǐ sù dù jìng rán gēn shì jiè
里，速度竟然跟世界

mǎ lā sōng bǐ sài guàn jūn ā dān chà bu duō   yú shì jiàn yì
马拉松比赛冠军阿丹差不多，于是建议

luò jī cān jiā mǎ lā sōng bǐ sài
洛基参加马拉松比赛。

　　　　wǒ tǎo yàn zài wài miàn pǎo bù   luò jī bù xiǎng
　　"我讨厌在外面跑步。"洛基不想

cān jiā
参加。

　　　　zhǐ yào bǐ sài nà tiān qù pǎo jiù xíng le ya
　　"只要比赛那天去跑就行了呀！"

péng you bù duàn de yóu shuì
朋友不断地游说。

101

洛基点头答应。他也想让全世界的
人知道自己能跑得这么快。

2

在家里跑步毕竟跟在户外不同，因此，洛基请电脑专家在家设计了特殊训练房。他在家里的跑步机上跑步时，前后左右四面墙上会投影出风景画面，感觉就像在户外一样。

此外，训练房还安装了能模拟刮风、下雨和烈日当空等各种天

气的设备，甚至有时候还会出现香蕉皮和弹珠，或突然出现小狗、小猫等特殊状况，训练洛基的临场应变能力。

3

比赛的日子到了，有一千名来自全世界的顶尖马拉松选手参赛，路线是绕市区外围一周。

这条路线洛基已经在家模拟过上百遍，跑到后来，几乎每一次的速度都比阿丹的纪录还快，因此洛基很有信心夺冠。

"砰——"鸣枪

起跑。洛基很快就超

越所有人，一马当先

地跑在最前头。

不过，洛基背后紧追不舍的是世界

冠军阿丹，不管

洛基跑多快，阿

丹就像跟

屁虫一样

紧跟着

他。

当他们距离终点只剩下五百米时，阿丹甚至超越洛基，成为领先者。

洛基这才发觉，阿丹进步了。现在的阿丹跑得比以前更快了。

4

洛基加快速度打算超前。阿丹看见洛基接近自己，突然放了一个又臭又浓的屁，洛基吸进臭屁岔了气，一时乱了步伐，无法追过阿丹。

洛基怎么也料想不到会发生这种

事。这时候，洛基的家人、好朋友和不认识的观众，都聚集在终点附近大声为他加油，洛基突然产生了强烈的斗志，猛力往前冲，比阿丹快一步冲过终点线，获得冠军。

洛基捧着奖杯接受访问时，记者问他喜欢的训练地点，他回答"家里"。

"不过，"洛基说，"以后我会常到户外跑步，虽然可能会闻到臭屁、脏空气，踩到垃圾，但是走出户外才会遇到为我加油、喜欢跑步的人。"

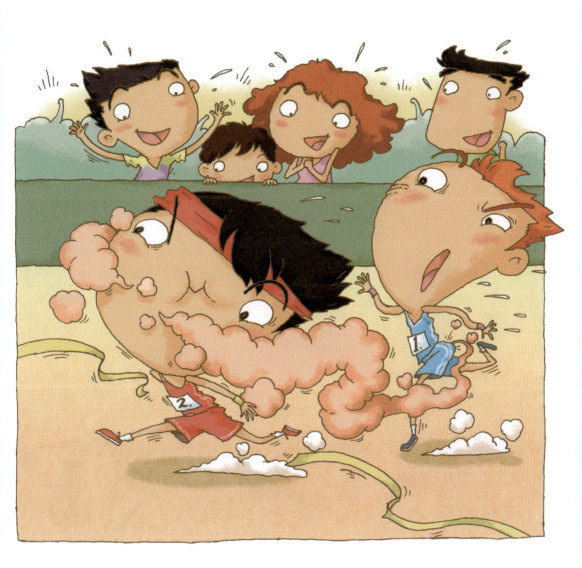

好处多多的简单运动

健康跑步有原则

文／雨果　图／徐至宏

nǐ tīng guò pǎo bù shì yùn dòng zhī mǔ zhè jù huà ma pǎo bù kě yǐ zēng qiáng wǒ
你听过"跑步是运动之母"这句话吗？跑步可以增强我

men de tǐ lì xīn fèi gōng néng yě néng zēng qiáng nài lì bǎo chí shēn tǐ jiàn kāng shì yī
们的体力、心肺功能，也能增强耐力，保持身体健康，是一

xiàng jiǎn dān yòu hǎo chù duō duō de yùn dòng dàn pǎo bù yě yǒu xū yào zhù yì de shì xiàng
项简单又好处多多的运动！但跑步也有需要注意的事项。

原则 1　舒展筋骨：热身活动一定要

pǎo bù qián zuì zhòng yào de shì qing
跑步前最重要的事情

jiù shì rè shēn hé jìn xíng shēn zhǎn yùn dòng
就是热身和进行伸展运动

le shǒu xiān zuò sù dù kuài yī diǎnr
了。首先做速度快一点儿

de yuán dì tà bù dà gài wǔ dào shí fēn
的原地踏步，大概五到十分

zhōng ràng shēn tǐ zhú jiàn rè qǐ lái
钟，让身体逐渐热起来。

jiē zhe jì xù zuò tóu bù jǐng bù
接着继续做头部、颈部

hé shǒu jiǎo de shēn zhǎn dòng zuò lì rú
和手脚的伸展动作，例如

shuāng shǒu shǒu zhǎng jiāo wò zhe jǔ gāo jiāng xiǎo tuǐ bàn
双手手掌交握着举高，将小腿半

qū tiē zhe dà tuǐ zài yòng
屈贴着大腿再用

shǒu zhuā zhù qián jiǎo zhǎng
手抓住前脚掌

děng ràng shēn tǐ de jī
等，让身体的肌

ròu jīn gǔ dōu néng dé
肉、筋骨都能得

dào shū zhǎn
到舒展。

原则 **2** 手脚并用：姿势正确很重要

pǎo bù de zī shì yǒu jǐ gè jī běn de
跑步的姿势有几个基本的

yào diǎn　pǎo de shí hou　pì gu bù yào yáo
要点：跑的时候，屁股不要摇

dòng de tài lì hai　shǒu zhǒu yào wān qū　shàng
动得太厉害；手肘要弯曲；上

bàn shēn yào zhí lì　xī gài zé yào wēi wēi wān
半身要直立；膝盖则要微微弯

qū　jì zhù zhè jǐ gè yào diǎn　jiē zhe jiù shì
曲。记住这几个要点，接着就是

zhǎo chū zì jǐ zuì xǐ huan　zuì shū fu de pǎo
找出自己最喜欢、最舒服的跑

bù dòng zuò le　pǎo bù guò chéng zhōng　jǐn
步动作了。跑步过程中，尽

liàng ràng zì jǐ chǔ yú fàng sōng zhuàng tài
量让自己处于放松状态。

原则 **3** 衣服鞋子：必要装备不可少

yī fu yǐ shū shì tòu qì wéi zhǔ　rú guǒ shì tiān qì bǐ jiào hán lěng de jì jié　chuān yī jiàn néng dǐ
衣服以舒适透气为主，如果是天气比较寒冷的季节，穿一件能抵

dǎng fēng chuī de ní lóng cái zhì báo wài tào jiù kě yǐ le
挡风吹的尼龙材质薄外套就可以了。

yīn wèi pǎo bù shí shēn tǐ huì fā rè　néng ràng
因为跑步时身体会发热，能让

shēn tǐ bǎo chí wēn nuǎn　bìng bù xū yào chuān
身体保持温暖，并不需要穿

hòu zhòng yī wù
厚重衣物。

lìng wài　rú guǒ méi
另外，如果没

yǒu màn pǎo xié yě méi guān
有慢跑鞋也没关

xi　chuān yī shuāng zì jǐ xí
系，穿一双自己习

guàn chuān　cháng chuān de xié
惯穿、常穿的鞋

zi yě néng shàng lù
子也能上路。

明星建筑选美大赛

文／王宇清

图／破伤风

1

tiān chéng zhèng zài jǔ bàn
天城正在举办

chéng shì jiàn zhù xuǎn měi sài
"城市建筑选美赛",

zhè zuò chéng shì lǐ suǒ yǒu de jiàn
这座城市里所有的建

zhù wù dōu zài píng xuǎn zhī liè
筑物都在评选之列。

duó guàn hū shēng zuì gāo
夺冠呼声最高

de shì yī bǎi líng wǔ céng de
的,是一百零五层的

chāo gāo dà lóu lóng gē
超高大楼"龙哥"!

lóng gē shēn gāo ào shì qún lóu
龙哥身高傲视群"楼",

shì quán shì jiè zhǔ mù de jiāo
是全世界瞩目的焦

diǎn shì guān guāng kè bì yóu de
点,是观光客必游的

景点，冠军舍他其谁？

不！可没那么简单！超级商城"杰

克"，同样来势汹汹！占地数十万平方

米，豪气明亮的卖场，华丽的橱窗，白

天夜里，永远银光闪闪。他甚至还拥有一座游乐园呢！

另外，拥有最高身价的顶级住宅大楼"阿帝"、超现代设计的科技公司"闪弟"、国内外名流争相入住的豪华旅店"丽丽"……都是系出名门的佼佼者。

2

为了博得评审团青睐，明星建筑

men zài shēn shàng tiān jiā le
们在身上添加了

gè shì gè yàng de shǎn liàng
各式各样的闪亮

dēng jī
LED 灯、激

guāng dēng yǒu xiē
光灯，有些

zé qǐng lái yì shù
则请来艺术

jiā cǎi huì zhuāng
家彩绘、装

zhì yì shù pǐn
置艺术品，

yǒu xiē gèng shì yú
有些更是于

夜里在楼顶点燃五彩缤纷、华丽无比的焰火，美不胜收。明星建筑们各个铆足全力，争取荣耀。

有了这些明星建筑，其他建筑哪有

机会？他们干脆直接放弃竞争。而围绕

在明星建筑身边的其他建筑，本来就是

各区明星建筑们的粉丝，现在更各自拥

护起自己的偶像。

3

除了外观的较量，气势也要比拼。

各方互相隔空喊话，最后引发了争执。

"以为个子高，就比较厉害吗？"

"打扮得那么俗气，可笑！"

"我才是最美的！"

"我最时尚、最前卫，一定赢！"

zǒu zhe qiáo
“走着瞧！”

hng
“哼！”

míng xīng jiàn zhù men bǐ cǐ jiào xiāo shēn páng de fěn sī
明星建筑们彼此叫嚣，身旁的粉丝
men gèng shì shēng sī lì jié
们更是声嘶力竭。

suí zhe jié guǒ gōng bù de rì zi yuè lái yuè jìn míng
随着结果公布的日子越来越近，明
xīng jiàn zhù men gèng jiā mài lì de zhuāng diǎn zì jǐ zhòng fěn
星建筑们更加卖力地装点自己，众粉
sī men yě wèi zì jǐ de ǒu xiàng jiā yóu dǎ qì
丝们也为自己的偶像加油打气。

4

zhōng yú píng shěn tuán tuán zhǎng ná zhe míng dān xiàn shēn
终于，评审团团长拿着名单现身
le dà huǒr quán bǐng xī yǐ dài
了，大伙儿全屏息以待……

chéng shì lǐ zuì měi de jiàn zhù wù shì gōng yù
“城市里最美的建筑物是……公寓

ā nián
阿年！”

shén me
“什么？”

ā nián　　shì shéi ya
“阿年？是谁呀？”

cóng méi tīng guò
“从没听过！”

大家打听之下才知道，原来是旧住
宅区里的一幢老公寓！

"不服气！我们怎么可能输给破旧
老公寓！"明星建筑们率领自己的粉丝
抗议着。

评审团团长只是微笑。他一挥手，
天空映出阿年的身影。

5

只见每一户阳台上，都种着可爱的盆栽，墙上细细攀爬着雅致的藤蔓。顶楼的空中农场，更是绿意盎然，虫儿鸟儿鸣唱，蔬菜花果丰美。更令大家感到不可思议的是，每个居民看起来都惬意又愉快，连路过的行人、车辆，都忍不住停下脚步观赏阿年，脸上还绽放着笑容。

在城市不起眼的角落，阿年

静静散发着清新静
谧的幸福绿光，让
所有的建筑物们都
不禁看得出神，心
中升起的平静，让
他们忘了争执。

而刚优哉睡醒
的阿年，还不知道
自己得奖呢！

和植物做朋友

设计绿色角落

文／黄本吉 豆油姐姐
图／橘喵

xián xiá shí   zǒu dào hù wài   kě yǐ xīn shǎng měi lì lǜ yì   shàn yòng zhī shi   jiā xiē xì xīn
闲暇时，走到户外，可以欣赏美丽绿意；善用知识，加些细心，

yě néng zài jiā lǐ zhuāng diǎn lǜ yì
也能在家里装点绿意。

植物园　城市里的迷你森林

jǐ hū měi gè chéng shì dōu huì yǒu yī zuò huò jǐ zuò mí nǐ sēn
几乎每个城市都会有一座或几座迷你森

lín　　　zhí wù yuán　zhí wù yuán kě yǐ ràng rén xīn shǎng gè zhǒng
林——植物园。植物园可以让人欣赏各种

gè yàng de zhí wù　xiǎng shòu liáng shuǎng de lǜ yīn　shì xiū xián de
各样的植物，享受凉爽的绿荫，是休闲的

hǎo qù chù
好去处。

盆栽DIY　大显身手

yī qǐ lái lǜ huà huán jìng ba　　duō
一起来绿化环境吧！多

ròu zhí wù hé xiān rén zhǎng dōu xǐ ài yáng
肉植物和仙人掌都喜爱阳

guāng　bù yòng cháng jiāo shuǐ　shì hěn hǎo zhào
光，不用常浇水，是很好照

gù de　　lǎn rén zhí wù
顾的"懒人植物"。

zhǔn bèi cái liào   duō zhǒng duō ròu zhí wù
准备材料：多种多肉植物、

tòu qì de pén zi　dǐ
透气的盆子、底

wǎng　pū pén dǐ　kē
网（铺盆底）、颗

lì tǔ　shā zi　yē zi
粒土、沙子、椰子

xiān wéi
纤维。

bù zhòu
步骤：

①

yòng xiǎo jiǎn dāo jiāng zhí wù dài gēn jiǎn
用小剪刀将植物带根剪

xià　bìng shǐ yòng cháng niè zi qīng
下，并使用长镊子轻

qīng jiā qǔ　xiǎo xīn bù yào shāng hài
轻夹取，小心不要伤害

zhí wù
植物。

西双版纳　美丽的自然宝库

西双版纳有中国唯一的热带雨林自然保护区，气候温暖湿润，树木葱茏。那里生长着两万多种植物，如望天树、黄果木，还有不少珍禽异兽，如亚洲象、黑冠长臂猿。

新化植物园
桃花心木种子飘

新化植物园是中国台湾唯一一座低海拔的热带林场。园内遍植大叶桃花心木，每年四月，成熟的果实爆裂，种子就会四处飘散，还能和蝴蝶、独角仙等昆虫一同玩耍。

将底网、椰子纤维、颗粒土、沙子依序放入盆中，保留一些颗粒土，之后使用，并用镊子将大朵的多肉植物平均放置。

在盆里放上各种多肉植物，叶片垂下的品种可种在盆边，调整缝隙，慢慢种满，再用小汤匙将剩下的颗粒土填进盆里。

放上可爱的装饰品就完成了。一周后，浇少量的水，它们会更漂亮！

十岁小国民

快乐写日记

文／王淑芬　图／Waverly

1

有个国家叫作"十岁国"。十岁国的国民一出生就是十岁，活一百年后才死，但死的时候仍是十岁。

曾经有一个十岁人问："为什么我们是十岁，不是五岁或五十岁呢？"

另一个十岁人告诉他："科学家和心理学家曾经做过研究，十岁是一个人最快乐的年纪。所以，我们是地球上最幸运的人，每天都可以过着十岁的快乐生活。"

2

shí suì rén měi tiān xǐng lái hòu kuài lè de chī zǎo
十岁人每天醒来后，快乐地吃早
cān zài kuài lè de bēi shū bāo qù shàng xué
餐，再快乐地背书包去上学。

yuán lái shí suì guó de rén dōu jué de rì zi guò de hěn
原来十岁国的人都觉得日子过得很
kuài lè yǒu yī tiān hū rán yǒu gè rén dà jiào wǒ
快乐。有一天，忽然有个人大叫：“我
men měi tiān guò de rì zi dōu yī yàng hǎo wú liáo wa
们每天过的日子都一样，好无聊哇！”

ér qiě zhè ge shí suì rén hái fā xiàn měi tiān dōu
而且这个十岁人还发现：每天都
shì shí suì měi gè rén dōu zuò shí suì gāi zuò de shì yú
是十岁，每个人都做十岁该做的事，于
shì měi tiān qǐ chuáng hòu dōu huì wàng jì qián yī tiān shì
是，每天起床后，都会忘记前一天是
zěn me dù guò de
怎么度过的。

shí suì guó de rén dōu dé le yí wàng zhèng duì qián yī
十岁国的人都得了遗忘症，对前一

tiān de shì wán quán bù
天的事完全不
jì de
记得。

3

zhè ge bù kuài lè de shí suì rén xiǎng dào yī gè bì miǎn
这个不快乐的十岁人想到一个避免
yí wàng de fāng fǎ   tā kāi shǐ zài kòng bái bù zi shàng xiě rì
遗忘的方法，他开始在空白簿子上写日
jì   jì lù měi yī tiān fā shēng de shì qing
记，记录每一天发生的事情。
dì yī tiān   tā xiě   jīn tiān shì shí suì
第一天，他写："今天是十岁。"

然后第二天、第三天都写了一样的话。

第四天开始，他改变写日记的方式，把每天看见的特别的东西都贴在日记簿上。

第四天，他贴了一片尖叶子和一根三角柱形的小棍子；第五天，他贴的是一张印满爱心的纸片和一枚钱币；第六天，他贴的是两片绿色的圆形叶子和一根鸟羽毛。

为了寻找可以贴在日记簿上

的素材，十岁人在上学途中左看右瞧，睁大眼睛观察树上会掉下什么，地上会长出什么。

每天起床，十岁人都会翻翻日记，想着："今天我要找不一样的东西。"

4

其他十岁人开始学他写日记。有的人写字，有的人拍照，有的人作画，还有的人把生活点滴拍摄成影片。

于是，现在十岁国的人比以前更快乐了！他们都说："不管每天是几岁，看着日记就知道曾经做过什么，一点儿都不无聊。"

现在唯一不快乐的十岁人，就是第一个开始写日记的人。因为他觉得大家都模仿他，不好玩。

不过没关

xì   tā yòu yǒu xīn de diǎn zi le   tā bǎ lǔ xíng de guò
系，他又有新的点子了！他把旅行的过

chéng xiě chéng yóu jì   měi gè rén dōu chēng zàn   hǎo yǒu
程写成游记，每个人都称赞："好有

qù a
趣啊！"

练习观察 发现细节

文／林怡辰　图／Chieh Chieh

如果花点时间，持续记录一件事情的发展，你会发现许多小事其实像动画一样有趣哟！地球上的自然万物天天都在变化，例如太阳移动、月亮圆缺、气温变化等，都是很好的观察日记题材。

先一起来学习怎么写植物的生长观察日记吧！

写日记方法 **1** 描写主题

这个夏天，我和妈妈把隔壁阿姨送的红薯切成几段，种在门口的三个花盆里，每天都期待它们发芽。

想一想：作者种植了什么植物？

写日记方法 **2** 形容主角

过了几天，我看到红薯块长出（小小、大大）的芽，就像我的小拇指一样圆圆的，（黑漆漆、绿油油）的颜色，好看极了！我（难过、兴奋）地大叫，和妈妈分享我的喜悦。

选一选：请把正确的形容词圈出来。

写日记方法 ③ 加入观察

我托着盆栽，细心地观察它。我的红薯叶长得像片爱心，和我的手掌一样大，嫩绿的颜色让人好想咬一口；表面摸起来粗粗的，背后还有明显的叶脉呢！

画一画：描画红薯叶的大小、形状和颜色。

 ### 写日记方法 ④ 记录心得

刚种下红薯的时候，我每天浇水，希望它快发芽长大。可是妈妈说浇太多水，可能会把它淹死，我才知道浇水要适量。有了这次经验，以后种植物我一定可以照顾得更好了！

写一写：种植物的过程中有什么心得？

 ### 写写看

请你观察你种的植物，把它的模样用文字和图片记录下来。

135

找一找

爬山赏春光

文·图／阿啜先生

请你看图回答下面的问题：

1 哪一条路能安全地从起点走到终点呢？

2 黑熊妈妈和它的孩子走失了，可爱的黑熊宝宝到底在哪里？

3 数数看，这座山上有几只梅花鹿？

一起钓鱼去

文·图／艾莉

jiā jiā hé bà ba zuò zhe xiǎo chuán qù hǎi biān diào yú tā men zhǔn bèi le hǎo duō yú ěr lái diào yú jiā
家家和爸爸坐着小 船 去海边钓鱼，他们 准备了好多鱼饵来钓鱼，家

jiā yòng hóng sè de yú ěr bà ba yòng zǐ sè de yú ěr
家用 红色的鱼饵，爸爸用紫色的鱼饵。

hǎi lǐ de yú zhǐ chī hé zì jǐ yán sè yī yàng de yú ěr qǐng nǐ lái hǎi dǐ
海里的鱼只吃和自己颜色一样的鱼饵。请你来海底

shì jiè shǔ yi shǔ huí dá xià miàn de wèn tí
世界数一数，回答下面的问题。

hǎi lǐ miàn yuán xíng de yú sān jiǎo xíng de yú líng xíng de yú gè yǒu jǐ tiáo
1 海里面，圆形的鱼、三角形的鱼、菱形的鱼，各有几条？

条

条

条

jiā jiā hé bà ba shéi yǒu jǐ huì diào dào zuì duō de yú ne
2 家家和爸爸谁有机会钓到最多的鱼呢？

jiā jiā hé bà ba dōu xiǎng diào dào hǎi lǐ yōng yǒu zuì duō sān jiǎo
3 家家和爸爸都想钓到海里拥有最多三角

xíng lín piàn de yú qǐng wèn tā zài nǎ lǐ shéi yǒu jǐ huì diào dào
形鳞片的鱼，请问它在哪里？谁有机会钓到

ne
呢？

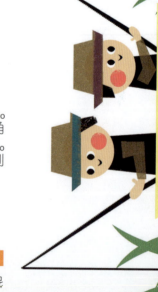

答案：**1** 圆形的鱼有有4条。三角形的鱼有有3条。菱形的鱼有有2条。 **2** 爸爸。 **3** 🐟 ，爸爸。

图书在版编目（CIP）数据

故事+知识. 休闲篇：欢迎光临我的博物馆 / 刘旭恭等著 ；邱千容等绘. — 长春：吉林美术出版社，2019.8
　　ISBN 978-7-5575-4544-4

Ⅰ. ①故… Ⅱ. ①刘… ②邱… Ⅲ. ①科学知识－儿童读物②休闲娱乐－儿童读物 Ⅳ. ①Z228.1②C913.3-49

中国版本图书馆CIP数据核字(2019)第108389号

故事 + 知识　休闲篇

欢迎光临我的博物馆

作　　者	刘旭恭、林满秋等 著
	邱千容、刘旭恭等 绘
出 版 人	赵国强
责任编辑	王丹平
装帧设计	车车
开　　本	889mm×1194mm　1/16
字　　数	68千字
印　　张	9
印　　数	1—5 000册
版　　次	2019年8月第1版
印　　次	2019年8月第1次印刷
出版发行	吉林美术出版社
地　　址	长春市人民大街4646号（邮编130021）
网　　址	www.jlmspress.com
印　　刷	吉林省吉广国际广告股份有限公司
书　　号	ISBN 978-7-5575-4544-4
定　　价	29.80元

《爬山赏春光》答案：

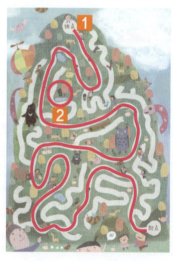

3 6只